Libro de freidora de aire 2021

El último libro de cocina de la freidora de aire. Recetas deliciosas, saludables y sabrosas para dos personas para perder peso rápidamente, detener la hipertensión y reducir el colesterol.

Ursula Mayert

Índice de contenidos

- Ursula Mayert 1
- Copyright 2020 por Ursula Mayert 7

INTRODUCCIÓN 11

- Paleta de cerdo glaseada 16
- Lomo de cerdo sencillo 18
- Lomo de cerdo envuelto en tocino 21
- Pollo con cebolla 23
- Pavo crujiente con mantequilla 24
- Receta de alitas de pollo chinas 26
- Receta de pollo y espárragos 27
- Receta de pechugas de pato a la miel. 29
- Pollo a la crema de coco 31
- Pollo al limón 33
- Pollo marinado con suero de leche 34
- Pato asado 36
- Pechuga de pavo asada 38
- Pavo a la pimienta con limón 40
- Muslos de pollo al arce 42
- Pollo al horno italiano 44
- Pollo al pesto al horno 46
- Pollo al limón y al ajo 48
- Pollo Ranchero a la Parrilla 49
- Sándwiches de pechuga de pollo de pita 51
- Albóndigas de pavo al estilo asiático 53
- Salteado de pollo dulce y picante 55
- Pollo crujiente a la parmesana 58
- Fajitas de pollo con aguacates 60
- Pollo frito con suero de leche 62
- Nuggets de pollo con costra de panko 64
- Terneras de pollo con costra 66
- Pollo con salsa de búfalo de yogur griego 68
- Rollos de fajita de pollo al horno 70
- Pollo al ajillo y patatas 72
- Muslos de pollo con limón y ajo 75
- Pollo al limón con salsa barbacoa 77
- Palomitas de pollo 79
- Albóndigas fáciles y rápidas 81
- Alitas de pollo a la pimienta de limón 83
- Alitas de pollo a la barbacoa 85
- Ricos Nuggets de Pollo 87
- Tajadas de Pollo Sazonadas a la Italiana 89

- Alitas de pollo clásicas 92
- Alitas de pollo con especias simples 94
- Pechuga de pavo sazonada con hierbas 96
- Sabroso pollo asado 98
- Muslos de pollo asiáticos picantes 100
- Pinchos de tomate, berenjena y pollo 102
- Pollo glaseado Teriyaki al horno 104
- Pollo con Sriracha y Jengibre 106
- Queso desnudo, relleno de pollo y judías verdes 108
- Pesto de pollo a la parrilla 110
- Pastel de pavo saludable 111
- Tiras de filete de pollo 113

PLAN DE COMIDAS DE 30 DÍAS 115

Copyright 2020 por Ursula Mayert

- Todos los derechos reservados.

El siguiente Libro se reproduce a continuación con el objetivo de proporcionar información lo más precisa y fiable posible. Sin embargo, la compra de este libro puede considerarse como un consentimiento al hecho de que tanto el editor como el autor de este libro no son de ninguna manera expertos en los temas discutidos en el mismo y que cualquier recomendación o sugerencia que se hace aquí es sólo para fines de entretenimiento. Se debe consultar a los profesionales que sean necesarios antes de emprender cualquier acción respaldada en este libro.

Esta declaración es considerada justa y válida tanto por la American Bar Association como por el Comité de la Asociación de Editores y es legalmente vinculante en todo Estados Unidos.

Además, la transmisión, duplicación o reproducción de cualquiera de las siguientes obras, incluida la información específica, se considerará un acto ilegal, independientemente de si se realiza de forma electrónica o impresa. Esto se extiende a la creación de una copia secundaria o terciaria de la obra o de una copia grabada y sólo se permite con el consentimiento expreso por escrito de la Editorial. Todos los derechos adicionales están reservados.

La información contenida en las siguientes páginas se considera, en términos generales, una exposición veraz y exacta de los hechos y, como tal, cualquier falta de atención, uso o mal uso de la información en cuestión por parte del lector hará que cualquier acción resultante sea únicamente de su incumbencia. No existe ningún escenario en el que el editor o el autor original de esta obra puedan ser considerados de alguna manera responsables de cualquier dificultad o daño que pueda ocurrirles después de emprender la información aquí descrita.

Además, la información contenida en las páginas siguientes tiene únicamente fines informativos, por lo que debe considerarse universal. Como corresponde a su naturaleza, se presenta sin garantía de su validez prolongada ni de su calidad provisional. Las marcas comerciales que se mencionan se hacen sin el consentimiento por escrito y no pueden considerarse en modo alguno como un respaldo del titular de la marca.

Introducción

La freidora de aire es un aparato de cocina relativamente nuevo que ha demostrado ser muy popular entre los consumidores. Aunque hay muchas variedades disponibles, la mayoría de las freidoras de aire comparten muchas características comunes. Todas tienen elementos calefactores que hacen circular aire caliente para cocinar los alimentos. La mayoría vienen con ajustes preprogramados que ayudan a los usuarios a preparar una amplia variedad de alimentos.

La fritura al aire es un estilo de cocina más saludable porque utiliza menos aceite que los métodos tradicionales de fritura. Además de conservar el sabor y la calidad de los alimentos, reduce la cantidad de grasa utilizada en la cocción. La fritura al aire es un método común para "freír" alimentos que se elaboran principalmente con huevos y harina. Estos alimentos pueden quedar blandos o crujientes a su gusto utilizando este método.

Cómo funcionan las freidoras de aire

Las freidoras de aire utilizan un soplador para hacer circular aire caliente alrededor de los alimentos. El aire caliente calienta la humedad de los alimentos hasta que se evapora y crea vapor. A medida que el vapor se acumula alrededor de los alimentos, crea una presión que extrae la humedad de la superficie de los alimentos y la aleja del centro, formando pequeñas burbujas. Las burbujas crean una capa de aire que rodea el alimento y crea una corteza crujiente.

Elegir una freidora de aire

A la hora de elegir una freidora de aire, busque una que tenga buenas opiniones sobre la satisfacción de los clientes. Comience por las características que necesita, como la potencia, el tamaño de la capacidad y los accesorios. Busque una que sea fácil de usar. Algunas freidoras de aire del mercado tienen un temporizador incorporado y una temperatura ajustable. Busque una que tenga un embudo para recoger la grasa, una cesta apta para el lavavajillas y piezas fáciles de limpiar.

Cómo utilizar una freidora de aire

Para obtener los mejores resultados, precaliente la freidora de aire a 400 F durante 10 minutos. El precalentamiento de la freidora de aire permite alcanzar la temperatura adecuada más rápidamente. Además, precalentar la freidora de aire es esencial para asegurar que su comida no se queme.

Cómo cocinar cosas en una freidora de aire

Si aún no tienes una freidora de aire, puedes empezar a jugar con tus hornos echando unas patatas fritas congeladas y cocinándolas hasta que se doren uniformemente.

Dependiendo de tu horno, echa un vistazo a la temperatura. Puede que tengas que aumentar o disminuir el tiempo.

¿Qué alimentos se pueden cocinar en una freidora de aire?

Huevos: Aunque puedes cocinar huevos en una freidora de aire, no lo recomendamos porque no puedes controlar el tiempo y la temperatura de cocción con tanta precisión como con una sartén tradicional. Es mucho más fácil que los huevos se cocinen de forma desigual. Tampoco puedes añadir salsas o condimentos y no obtendrás bordes dorados y crujientes.

Alimentos congelados: Generalmente, los alimentos congelados se cocinan mejor en el horno convencional porque necesitan alcanzar una determinada temperatura para cocinarse correctamente. La freidora de aire no es capaz de alcanzar temperaturas que hagan que los alimentos se cocinen completamente.

Alimentos deshidratados: Los alimentos deshidratados requieren una fritura profunda, algo que no se puede hacer con una freidora de aire. Cuando se trata de cocinar alimentos deshidratados, la freidora de aire no es la mejor opción.

Verduras: Puedes cocinar verduras en una freidora de aire, pero tienes que asegurarte de que la freidora de aire no está ajustada a una temperatura que las queme.

Para asegurarse de que las verduras no se cocinan en exceso, ponga en marcha la freidora de aire con la cesta apagada, y luego eche las verduras una vez que el aire se haya calentado y ya no haya puntos fríos.

Asegúrese de remover las verduras cada pocos minutos. Cocinarlas en la cesta también es una opción, pero pueden pegarse un poco.

Patatas fritas: Freír las patatas fritas en una freidora de aire es una buena manera de conseguir patatas fritas crujientes y doradas sin añadir mucho aceite. En comparación con la fritura convencional, la fritura al aire libre aporta menos calorías.

Para cocinar las patatas fritas en una freidora de aire, utilice una cesta o una rejilla y vierta suficiente aceite para que llegue hasta la mitad de la altura de las patatas. Para obtener los mejores resultados, asegúrese de que las patatas fritas estén congeladas. Ponga la freidora de aire a 400 grados y programe 12 minutos. Si las quiere muy crujientes, puede programar 18 minutos, pero pueden quemarse un poco.

Beneficios de una freidora de aire:

- Es una de las formas más fáciles de cocinar alimentos saludables. Si se utiliza 4 o 5 veces por semana, es una opción más saludable que freír con aceite en el horno convencional o utilizar alimentos enlatados.

- Las freidoras de aire son una forma fácil de servir comida sabrosa que no ocupa mucho espacio. Las freidoras de aire permiten cocinar el triple de comida que en el microondas.
- Las freidoras de aire ocupan poco espacio y se pueden guardar en un armario cuando no se utilizan.
-Son aparatos de cocina versátiles. Puedes utilizarlos para cocinar alimentos para el almuerzo, la cena y los aperitivos.
- Las freidoras de aire requieren poco o ningún esfuerzo en la cocina. Puedes usarlas con la tapa puesta, lo que significa que hay que lavar menos.

Paleta de cerdo glaseada

Tiempo de preparación: 15 minutos
Tiempo de cocción: 20 minutos
Porciones: 5
Ingredientes:

- 1/3 de taza de salsa de soja
- cucharadas de azúcar moreno
- 1 cucharada de jarabe de arce
- libras de paleta de cerdo, cortada en rodajas de 1½ pulgadas de grosor

Direcciones:

1. En un bol grande, mezcle la salsa de soja, el azúcar moreno y el jarabe de arce.
2. Añadir la paleta de cerdo y cubrir con la marinada generosamente.
3. Tapa y refrigera para marinar durante unas 4-6 horas.
4. Coloque la paleta de cerdo en una cesta de la freidora engrasada.
5. Coloque la cesta de la freidora de aire en el centro del horno tostador Instant Omni Plus.
6. Presione "Air Fry" y luego ajuste la temperatura a 355 grados F.
7. Ajuste el temporizador a 10 minutos y pulse "Inicio".

8. Cuando la pantalla muestre "Turn Food" "no haga nada".
9. Después de 10 minutos ajuste la temperatura a 390 grados F durante 8 minutos.
10. Cuando el tiempo de cocción haya terminado, retire la cesta de la freidora de aire del horno tostador.
11. Colocar la paleta de cerdo en una tabla de cortar durante unos 10 minutos antes de cortarla.
12. Con un cuchillo afilado, cortar el lomo en rodajas del tamaño deseado y servir.

La nutrición:

Calorías 563

Grasa total 38,8 g

Grasas saturadas 14,3 g

Colesterol 163 mg

Sodio 1000 mg

Carbohidratos totales 7,5 g

Fibra 0,1 g

Azúcar 6,2 g

Proteína 43,3 g

Lomo de cerdo sencillo

Tiempo de preparación: 10 minutos

Tiempo de cocción: 30 minutos

Porciones: 6

Ingredientes:

- libras de lomo de cerdo
- cucharadas de aceite de oliva, divididas
- Sal y pimienta negra molida, según sea necesario

Direcciones:

1. Coloque una rejilla de alambre en la cesta de la freidora engrasada.

2. Cubrir el lomo de cerdo con aceite y luego, frotar con sal y pimienta negra.
3. Colocar el lomo de cerdo en el molde preparado.
4. Coloque la cesta de la freidora de aire en la parte inferior del horno tostador Instant Omni Plus.
5. Coloque la bandeja de hornear sobre la bandeja de goteo.
6. Seleccione "Hornear" y luego ajuste la temperatura a 350 grados F.
7. Ajuste el temporizador a 30 minutos y pulse "Inicio".
8. Cuando el tiempo de cocción se haya completado, retire la cesta de freír al aire del Horno Tostador.
9. Colocar el lomo de cerdo en una tabla de cortar.
10. Con un trozo de papel de aluminio, cubra el lomo de cerdo durante unos 10 minutos antes de cortarlo.
11. Con un cuchillo, cortar el lomo de cerdo en rodajas del tamaño deseado y servir.

La nutrición:

Calorías 406

Grasa total 25,7 g

Grasas saturadas 8,6 g

Colesterol 121 mg

Sodio 121 mg

Proteínas 41,3 g

Total de carbohidratos 12,5 g

Fibra 0,6 g
Azúcar 11,6 g
Proteínas 39,7 g

Lomo de cerdo envuelto en tocino

Tiempo de preparación: 15 minutos

Tiempo de cocción: 30 minutos

Porciones: 4

Ingredientes:

- 1 (1½ libra) de lomo de cerdo
- cucharadas de mostaza de Dijon
- 1 cucharada de miel
- tiras de tocino

Direcciones:

1. Cubrir el lomo con mostaza y miel.
2. Envolver el solomillo de cerdo con tiras de bacon.
3. Coloque el lomo de cerdo en una cesta de la freidora engrasada.
4. Coloque la cesta de la freidora de aire en el centro del horno tostador Instant Omni Plus.
5. Pulse "Air Fry" y luego ajuste la temperatura a 360 grados F.
6. Ajuste el temporizador a 30 minutos y pulse "Inicio".
7. Cuando la pantalla muestre "Turn Food", dé la vuelta al solomillo de cerdo.
8. Cuando el tiempo de cocción haya terminado, retire la cesta de la freidora de aire del horno tostador.

9 Coloque el lomo de cerdo en una tabla de cortar durante unos 10 minutos antes de cortarlo.
10 Con un cuchillo afilado, cortar el lomo en rodajas del tamaño deseado y servir.

La nutrición:

Calorías 386

Grasa total 16,1 g

Grasas saturadas 5,7 g

Colesterol 164 mg

Sodio 273 mg

Carbohidratos totales 4,8 g

Fibra 0,3 g

Azúcar 4,4 g

Proteínas 52,6 g

Colesterol 15 mg

Sodio 798 mg

Carbohidratos totales 20,3 g

Fibra 2,6 g

Azúcar 1,7 g

Proteína 43,9 g

Pollo con cebolla

Tiempo de preparación: 5 minutos
Tiempo de cocción: 20 minutos
Porciones: 4

Ingredientes:

1. pechugas de pollo, cortadas en cubos
2. 1 ½ taza de mezcla de sopa de cebolla
3. 1 taza de sopa de champiñones
4. ½ taza de crema de leche

Direcciones

- Precaliente su horno Cuisinart a 400 F en la función Hornear. Agregue los champiñones, la mezcla de cebollas y la crema de leche en una sartén. Caliente a fuego lento durante 1 minuto. Vierta la mezcla caliente sobre el pollo y déjelo reposar durante 25 minutos. Coloque el pollo marinado en la cesta y colóquelo en la bandeja del horno; cocine durante 15 minutos. Servir y disfrutar.

La nutrición:

Calorías 246;

Grasa 11,3g;

Carbohidratos 4,3 g;

Proteína 31g;

Pavo crujiente con mantequilla

Tiempo de preparación: 5 minutos

Tiempo de cocción: 20 minutos

Porciones: 4

Ingredientes:

1. Pechuga de pavo de 1 libra, cortada por la mitad
2. tazas de pan rallado panko
3. Sal y pimienta negra al gusto
4. ½ cucharadita de pimienta de cayena

5   1 barra de mantequilla derretida

Direcciones

- En un bol, combinar el pan rallado, la sal, la cayena y la pimienta negra. Untar la pechuga de pavo con mantequilla y cubrirla con la mezcla de migas. Pásela a una fuente de horno forrada. Cocine en su Cuisinart durante 15 minutos a 390 F. Sirva caliente.

La nutrición:

Calorías 282;

Grasa 12,4g;

Carbohidratos 3,4 g;

Proteína 36,2g;

Receta de alitas de pollo chinas

Tiempo de preparación: 2 horas y 5 minutos

Tiempo de cocción: 10 minutos

Porciones: 4

Ingredientes:

- alas de pollo
- 3 cucharadas de zumo de lima
- 2 cucharadas de salsa de soja
- 2 cucharadas de miel
- Sal y pimienta negra al gusto.

Direcciones:

- En un bol, mezclar la miel con la salsa de soja, la sal, el negro y el zumo de lima, batir bien, añadir los trozos de pollo, remover para cubrirlos y guardar en la nevera durante 2 horas.
- Transfiera el pollo a su freidora de aire, cocine a 370 °F, durante 6 minutos por cada lado, aumente la temperatura a 400 °F y cocine durante 3 minutos más. Sirva caliente.

La nutrición:

Calorías: 372;

Grasa: 9g;

Fibra: 10g;

Carbohidratos: 37g;

Proteínas: 24g

Receta de pollo y espárragos

Tiempo de preparación: 5 minutos

Tiempo de cocción: 25 minutos

Porciones: 4

Ingredientes:

1. lanzas de espárragos
2. alas de pollo, cortadas por la mitad.
3. una cucharada de romero picado.
4. una cucharadita de comino molido.
5. Sal y pimienta negra al gusto.

Direcciones:

- Seque las alas de pollo, sazone con sal, pimienta, comino y romero, póngalas en la cesta de su freidora de aire y cocínelas a 360 °F, durante 20 minutos
- Mientras tanto, calienta a sartén a fuego medio, añade los espárragos, añade agua para cubrirlos, cuece al vapor durante a pocos minutos; pásalos a a bol lleno de agua helada, escúrrelos y colócalos en los platos. Añade las alitas de pollo a un lado y sirve.

La nutrición:

Calorías: 270;

Grasa: 8g;

Fibra: 12g;

Carbohidratos: 24g;

Proteínas: 22g

Receta de pechugas de pato a la miel.

Tiempo de preparación: 5 minutos
Tiempo de cocción: 30 minutos
Raciones: 2
Ingredientes:

- 1 pechuga de pato ahumada, cortada por la mitad.
- una cucharada de mostaza
- una cucharada de pasta de tomate
- ½ cucharadita de vinagre de manzana
- una cucharada de miel

Direcciones:

- En un tazón, mezcle la miel con la pasta de tomate, la mostaza y el vinagre, bata bien, agregue los trozos de pechuga de pato, revuelva para cubrir bien, transfiera a su freidora de aire y cocine a 370 °F, durante 15 minutos
- Saque la pechuga de pato de la freidora, añádala a la mezcla de miel, remuévala de nuevo, vuelva a ponerla en la freidora y cocínela a 370 °F, durante 6 minutos más. Divida en los platos y sirva con a ensalada de acompañamiento.

La nutrición:

Calorías: 274;

Grasa: 11g;

Fibra: 13g;

Carbohidratos: 22g;

Proteínas: 13g

Pollo a la crema de coco

Tiempo de preparación: 2 horas

Tiempo de cocción: 25 minutos

Porciones: 4

Ingredientes:

1. grandes muslos de pollo
2. 4 cucharadas de crema de coco
3. 2 cucharadas de jengibre rallado.
4. 5 cucharaditas de cúrcuma en polvo

5   Sal y pimienta negra al gusto.

Direcciones:
- En un bol, mezclar la nata con la cúrcuma, el jengibre, la sal y la pimienta, batir, añadir los trozos de pollo, mezclarlos bien y dejarlos reposar durante 2 horas.
- Transfiera el pollo a su freidora de aire precalentada, cocínelo a 370 °F, durante 25 minutos; divídalo en platos y sírvalo con a ensalada de acompañamiento

La nutrición:

Calorías: 300;

Grasa: 4g;

Fibra: 12g;

Carbohidratos: 22g;

Proteínas: 20g

Pollo al limón

Tiempo de preparación: 5 minutos

Tiempo de cocción: 30 minutos

Porciones: 6

Ingredientes:

1. 1 pollo entero; cortado en trozos medianos
2. Cáscara de 2 limones, rallada.
3. Zumo de 2 limones
4. una cucharada de aceite de oliva
5. Sal y pimienta negra al gusto.

Direcciones:

- Sazona el pollo con sal y pimienta, frótalo con aceite y ralladura de limón, rocíalo con zumo de limón, ponlo en tu freidora de aire y cocínalo a 350 °F, durante 30 minutos; dale la vuelta a los trozos de pollo a mitad de camino. Divida en los platos y sirva con a ensalada de acompañamiento.

La nutrición:

Calorías: 334;

Grasa: 24g;

Fibra: 12g;

Carbohidratos: 26g;

Proteínas: 20g

Pollo marinado con suero de leche

Tiempo de preparación: 10 minutos
Tiempo de cocción: 25 minutos
Porción: 6
Ingredientes

1. Pollo entero de 3 libras
2. 1 cucharada de sal
3. 1 pinta de suero de leche

Direcciones:

- Colocar el pollo entero en un bol grande y rociar con sal por encima.
- Vierte el suero de leche por encima y deja el pollo en remojo toda la noche.
- Cubra el recipiente del pollo y refrigere durante toda la noche.
- Saque el pollo de la marinada y fíjelo en la barra de asar en el horno de la freidora.
- Gire el dial para seleccionar el modo "Air Roast".
- Pulse el botón de tiempo y vuelva a utilizar el dial para ajustar el tiempo de cocción a 25 minutos.

- Ahora pulse el botón Temp y gire el dial para fijar la temperatura en 370 grados F.
- Cierra la tapa y deja que el pollo se ase.
- Servir caliente.

La nutrición:

Calorías 284

Grasa total 7,9 g

Grasas saturadas 1,4 g

Colesterol 36 mg

Sodio 704 mg

Total de carbohidratos 46 g

Fibra 3,6 g

Azúcar 5,5 g

Proteínas 17,9 g

Pato asado

Tiempo de preparación: 10 minutos

Tiempo de cocción: 3 horas

Servir: 12

Ingredientes

1. lb. de pato Pekín entero
2. dientes de ajo picados
3. limones; 1 picado; 1 zumo
4. 1/2 taza de vinagre balsámico
5. 1/4 de taza de miel

Direcciones:

- Colocar el pato Pekín en una bandeja de horno y añadir ajo, limón y sal por encima.
- Bata la miel, el vinagre y la miel en un bol.
- Unte el pato con este glaseado. Déjelo marinar toda la noche en la nevera.
- Saque el pato de la marinada y fíjelo en la barra de asar en el horno de la freidora.
- Gire el dial para seleccionar el modo "Air Roast".
- Pulse el botón de tiempo y vuelva a utilizar el dial para ajustar el tiempo de cocción a 3 horas.
- Ahora pulse el botón Temp y gire el dial para fijar la temperatura en 350 grados F.
- Cerrar la tapa y dejar que el pato se ase.

- Servir caliente.

La nutrición:

Calorías 387

Grasa total 6 g

Grasas saturadas 9,9 g

Colesterol 41 mg

Sodio 154 mg

Carbohidratos totales 37,4 g

Fibra 2,9 g

Azúcar 15,3 g

Proteínas 14,6 g

Pechuga de pavo asada

Tiempo de preparación: 10 minutos

Tiempo de cocción: 50 minutos

Porción: 6

Ingredientes

1. lb. de pechuga de pavo deshuesada
2. ¼ de taza de mayonesa
3. cucharadita de condimento para aves de corral
4. sal y pimienta negra
5. ½ cucharadita de ajo en polvo

Direcciones:

- Batir todos los ingredientes, incluido el pavo en un bol, y cubrirlo bien.
- Coloque la pechuga de pavo deshuesada en la cesta de la freidora.
- Gire el dial para seleccionar el modo "Air fry".
- Pulse el botón de tiempo y vuelva a utilizar el dial para ajustar el tiempo de cocción a 50 minutos.
- Ahora pulse el botón Temp y gire el dial para fijar la temperatura en 350 grados F.
- Una vez precalentado, coloque la cesta de la freidora de aire en el horno Ninja y cierre su tapa para hornear.
- Cortar y servir.

La nutrición:

Calorías 322

Grasa total 11,8 g

Grasas saturadas 2,2 g

Colesterol 56 mg

Sodio 321 mg

Carbohidratos totales 14,6 g

Fibra dietética 4,4 g

Azúcar 8 g

Proteínas 17,3 g

Pavo a la pimienta con limón

Tiempo de preparación: 10 minutos
Tiempo de cocción: 45 minutos
Porción: 6
Ingredientes

1. lbs. de pechuga de pavo
2. cucharadas de aceite
3. 1 cucharada de salsa Worcestershire
4. 1 cucharadita de pimienta de limón
5. 1/2 cucharadita de sal

Direcciones:

- Bata todo en un bol y cubra el pavo generosamente.
- Coloque el pavo en la cesta de la freidora.
- Pulse el "botón de encendido" del horno Air Fry y gire el dial para seleccionar el modo "Air Fry".
- Pulse el botón de tiempo y vuelva a girar el dial para ajustar el tiempo de cocción a 45 minutos.
- Ahora pulse el botón Temp y gire el dial para fijar la temperatura en 375 grados F.
- Una vez precalentado, coloque la cesta de la freidora en el interior y cierre la tapa.
- Servir caliente.

La nutrición:
Calorías 391

Grasa total 2,8 g

Grasas saturadas 0,6 g

Colesterol 330 mg

Sodio 62 mg

Total de carbohidratos 36,5 g

Fibra 9,2 g

Azúcar 4,5 g

Proteína 6,6

Muslos de pollo al arce

Tiempo de preparación: 10 minutos

Tiempo de cocción: 30 minutos

Porción: 4

Ingredientes

1. muslos de pollo grandes, con hueso
2. cucharadas de mostaza francesa
3. cucharadas de mostaza de Dijon
4. 1 diente de ajo picado
5. cucharadas de jarabe de arce

Direcciones:

- Mezclar el pollo con todo en un bol y cubrirlo bien.

- Coloque el pollo junto con su marinada en la bandeja de hornear.
- Pulse el "botón de encendido" del horno Air Fry y gire el dial para seleccionar el modo "Hornear".
- Pulse el botón de tiempo y vuelva a girar el dial para ajustar el tiempo de cocción a 30 minutos.
- Ahora pulse el botón Temp y gire el dial para fijar la temperatura en 370 grados F.
- Una vez precalentado, coloque el molde en el interior y cierre la tapa.
- Servir caliente.

La nutrición:

Calorías 301

Grasa total 15,8 g

Grasas saturadas 2,7 g

Colesterol 75 mg

Sodio 189 mg

Total de carbohidratos 31,7 g

Fibra 0,3 g

Azúcar 0,1 g

Proteína 28,2 g

Pollo al horno italiano

Tiempo de preparación: 10 minutos
Tiempo de cocción: 25 minutos
Porción: 6
Ingredientes:

1. ¾ lbs. de pechugas de pollo
2. cucharadas de salsa pesto
3. ½ lata (14 onzas) de tomates, cortados en dados
4. 1 taza de queso mozzarella rallado
5. cucharada de albahaca fresca picada

Direcciones:

- Colocar las pechugas de pollo aplastadas en una bandeja de horno y cubrirlas con el pesto.
- Añade los tomates, el queso y la albahaca encima de cada pieza de pollo.
- Pulse el "botón de encendido" del horno Air Fry y gire el dial para seleccionar el modo "Hornear".
- Pulse el botón de tiempo y vuelva a girar el dial para ajustar el tiempo de cocción a 25 minutos.
- Ahora pulse el botón Temp y gire el dial para ajustar la temperatura a 355 grados F.
- Una vez precalentado, colocar la fuente de horno dentro y cerrar su tapa.
- Servir caliente.

La nutrición:

Calorías 537

Grasa total 19,8 g

Grasas saturadas 1,4 g

Colesterol 10 mg

Sodio 719 mg

Total de carbohidratos 25,1 g

Fibra 0,9 g

Azúcar 1,4 g

Proteína 37,8 g

Pollo al pesto al horno

Tiempo de preparación: 10 minutos

Tiempo de cocción: 35 minutos

Porción: 3

Ingredientes

1. pechugas de pollo
2. 1 (6 oz.) bote de pesto de albahaca
3. tomates frescos medianos, cortados en rodajas
4. rodajas de queso mozzarella

Direcciones:

- Repartir las rodajas de tomate en una cazuela y cubrirlas con el pollo.
- Añadir el pesto y el queso sobre el pollo y repartirlo uniformemente.
- Pulse el "botón de encendido" del horno Air Fry y gire el dial para seleccionar el modo "Air Fry".
- Pulse el botón de tiempo y vuelva a girar el dial para ajustar el tiempo de cocción a 30 minutos.
- Ahora pulse el botón Temp y gire el dial para fijar la temperatura en 350 grados F.
- Una vez precalentado, colocar la cacerola dentro y cerrar su tapa.
- Una vez horneado, ponga el horno en modo grill y ase durante 5 minutos.

- Servir caliente.

La nutrición:

Calorías 452

Grasa total 4 g

Grasas saturadas 2 g

Colesterol 65 mg

Sodio 220 mg

Total de carbohidratos 23,1 g

Fibra 0,3 g

Azúcar 1 g

Proteína 26g

Pollo al limón y al ajo

Tiempo de preparación: 15 minutos

Tiempo de cocción: 40 minutos

Porciones: 4

Ingredientes:

1. filetes de pechuga de pollo
2. 1 cucharada de zumo de limón
3. 1 cucharada de mantequilla derretida
4. 1 cucharadita de ajo en polvo
5. Sal y pimienta al gusto

Direcciones:

- Mezclar el zumo de limón y la mantequilla derretida en un bol.
- Unte ambos lados del pollo con esta mezcla.
- Condimentar con ajo en polvo, sal y pimienta.
- Inserte la rejilla de la parrilla en su Ninja Foodi Grill.
- Coloque el pollo en la parte superior de la parrilla.
- Cierra el capó.
- Asar a 350 grados F durante 15 a 20 minutos por lado.

La nutrición:

Calorías: 553 kcal

Proteínas: 62,46 g

Grasa: 31,26 g

Carbohidratos: 1.89 g

Pollo Ranchero a la Parrilla

Tiempo de preparación: 30 minutos

Tiempo de cocción: 30 minutos

Porciones: 6

Ingredientes:

1. filetes de muslo de pollo
2. cucharadas de aderezo ranchero
3. Sal y pimienta de ajo

Direcciones:

- Unte ambos lados del pollo con aderezo ranchero.
- Espolvorear con sal de ajo y pimienta.
- Ponga su Ninja Foodi Grill a asar.
- Precaliéntalo a fuego medio.

- Añada el pollo a la rejilla de la parrilla.
- Cocinar durante 15 minutos por cada lado.

La nutrición:

Calorías: 475 kcal

Proteínas: 33,16 g

Grasa: 36,43 g

Carbohidratos: 1.66 g

Sándwiches de pechuga de pollo de pita

Tiempo de preparación: 20 minutos

Tiempo de cocción: 10 minutos

Porciones: 4

Ingredientes:

1. pechugas de pollo deshuesadas y sin piel, cortadas en cubos de 1 pulgada
2. bolsillos de pita, partidos por la mitad
3. 1 pimiento rojo en rodajas
4. 1 cebolla roja pequeña, cortada en rodajas
5. ⅓ taza de aderezo italiano para ensaladas
6. ½ cucharadita de tomillo seco
7. 1 taza de tomates cherry picados
8. tazas de lechuga de mantequilla, cortada en rodajas
9. Spray de cocina

Direcciones:

- Coloque el pollo, el pimiento y la cebolla en la cesta de la freidora. Rocíe con 1 cucharada de aderezo italiano para ensaladas y tomillo. Rocíe con spray de cocina.

- Coloque la tapa de la freidora de aire y hornee en la freidora de aire precalentada a 375°F durante 9 a 11 minutos. Agite la cesta una vez cuando aparezca "TURN FOOD" en la pantalla de la tapa de la freidora a mitad del tiempo de cocción, o hasta que el pollo esté bien cocido.
- Pasar el pollo a un bol y verter el resto del aliño de la ensalada. Combine bien.
- Para montar los sándwiches, comience con las mitades de pita, luego añada las rodajas de lechuga de mantequilla y los tomates cherry. Servir inmediatamente.

La nutrición:

Calorías: 1493

Grasa total: 146,77g

Grasas saturadas: 75,456g

Total de carbohidratos: 36,38g

Fibra: 3,7g

Proteínas: 46,36g

Azúcar: 9,78g

Sodio: 1611mg

Albóndigas de pavo al estilo asiático

Tiempo de preparación: 24 minutos

Tiempo de cocción: 13 minutos

Porciones: 4

Ingredientes:

1. 1 libra de pavo molido
2. 1 cebolla pequeña, picada
3. cucharadas de aceite de cacahuete
4. ¼ de taza de castañas de agua, finamente picadas
5. cucharadas de salsa de soja baja en sodio
6. ½ cucharadita de jengibre molido
7. ¼ de taza de pan rallado panko
8. 1 huevo batido

Direcciones:

- En una bandeja para hornear de 6×6×2 pulgadas, añada la cebolla y el aceite de cacahuete. Revuelva bien.
- Coloque la sartén en la freidora de aire y ponga la tapa de la freidora de aire. Cocine en la freidora de aire precalentada a 375ºF durante 1 o 2 minutos, o hasta que la cebolla esté suave y translúcida. Transfiera la cebolla cocida a un bol grande.

- Añade a la cebolla las castañas de agua, la salsa de soja, el jengibre molido y el pan rallado. Incorpore el huevo batido y bata bien, y luego añada el pavo. Mezcle hasta que esté bien combinado.
- En la tabla de cortar, saque la mezcla y forme albóndigas de una pulgada.
- Disponer las albóndigas en la sartén y rociarlas con el aceite.
- Coloque la bandeja en la freidora de aire y ponga la tapa de la freidora de aire. Hornea por tandas a 400°F de 10 a 12 minutos, o hasta que las albóndigas estén bien cocidas.
- Sacar las albóndigas de la sartén a un plato. Dejar enfriar durante 3 minutos antes de servir.

La nutrición:

Calorías: 683

Grasa total: 33,29g

Grasas saturadas: 15,591g

Total de carbohidratos: 3,23g

Fibra: 0,6g

Proteínas: 24,77g

Azúcar: 1,17g

Sodio: 342mg

Colesterol: 271mg

Salteado de pollo dulce y picante

Tiempo de preparación: 15 minutos

Tiempo de cocción: 15 minutos

Porciones: 4

Ingredientes:

1. ¾ de libra de muslos de pollo deshuesados y sin piel, cortados en trozos de 1 pulgada
2. 1 cebolla roja pequeña, cortada en rodajas
3. 1 pimiento amarillo, cortado en trozos de 1½ pulgadas
4. ¼ de taza de caldo de pollo
5. 1 cucharada de aceite de oliva
6. a 3 cucharaditas de curry en polvo
7. cucharadas de miel

8   ¼ de taza de zumo de naranja

9   1 cucharada de almidón de maíz

Direcciones:

- Coloque la cebolla roja, los muslos de pollo y el pimiento en la cesta de la freidora de aire y rocíe con aceite de oliva.
- Ponga la tapa de la freidora de aire y cocine en la freidora de aire precalentada a 375°F durante 12 a 14 minutos. Dale la vuelta a los muslos de pollo cuando aparezca "TURN FOOD" en la pantalla de la tapa a mitad del tiempo de cocción, o hasta que el pollo alcance los 1650F.
- Pasar el pollo y las verduras a un bol metálico de 15 cm. Añada al bol el caldo de pollo, el curry en polvo, la miel, el zumo de naranja y la maicena. Combine bien.
- Coloque el recipiente de metal dentro de la cesta y ponga la tapa de la freidora de aire. Cocine durante 3 minutos más.
- Saque el bol de la cesta. Dejar enfriar durante 3 minutos antes de servir.

La nutrición:

Calorías: 746

Grasa total: 22,98g

Grasas saturadas: 16.852g

Total de carbohidratos: 25,2g

Fibra: 2,1g

Proteínas: 12,61g

Azúcar: 14,48g

Sodio: 471mg

Pollo crujiente a la parmesana

Tiempo de preparación: 15 minutos

Tiempo de cocción: 15 minutos

Porciones: 4

Ingredientes:

1. (4 onzas) de pechugas de pollo deshuesadas y sin piel
2. ½ taza de queso parmesano rallado
3. 1 taza de pan rallado italiano
4. cucharaditas de condimento italiano
5. Sal y pimienta al gusto
6. claras de huevo
7. ¾ de taza de salsa marinara
8. ½ taza de queso mozzarella rallado
9. Spray de cocina

Direcciones:

- En una superficie de trabajo plana, machaque el pollo en trozos de ¼ de pulgada.
- En un bol grande, mezcle el pan rallado, el queso parmesano, el condimento italiano, la sal y la pimienta. Remover hasta que estén bien combinados. En otro bol, vierta las claras de huevo. Reservar.
- Rocíe la cesta de la freidora con spray de cocina.
- Pasar las chuletas de pollo por la clara de huevo y luego por la mezcla de pan rallado para cubrirlas.

- Coloque las chuletas empanadas en la cesta de la freidora y rocíelas con spray de cocina.
- Ponga la tapa de la freidora de aire y cocine en la freidora de aire precalentada a 375°F durante 7 minutos.
- Pasar las chuletas de pollo fritas a un plato de servir.
- Rocíe con la salsa marinara y espolvoree el queso mozzarella por encima. Cocinar durante 3 minutos más hasta que el queso esté burbujeante.
- Dejar enfriar durante 3 minutos y servir.

La nutrición:

Calorías: 944

Grasa total: 70g

Grasa saturada: 3g

Colesterol: 46mg

Sodio: 593mg

Carbohidratos: 220g

Fibra: 1g,

Proteínas: 105g

Fajitas de pollo con aguacates

Tiempo de preparación: 15 minutos

Tiempo de cocción: 10 minutos

Porciones: 4

Ingredientes:

1. pechugas de pollo deshuesadas y sin piel, cortadas en rodajas
2. aguacates, pelados y picados
3. 1 cebolla roja pequeña, cortada en rodajas
4. pimientos rojos en rodajas
5. ½ taza de aderezo de ensalada ranchera picante
6. ½ cucharadita de orégano seco
7. tortillas de maíz
8. tazas de lechuga de mantequilla desgarrada

Direcciones:

- Ponga la cebolla, el pollo y el pimiento en la cesta de la freidora. Rocía con 1 cucharada de aderezo para ensaladas y espolvorea con el orégano.
- Ponga la tapa de la freidora de aire y ase en la freidora de aire precalentada a 375°F durante 10 a 14 minutos. Dale la vuelta al pollo cuando aparezca "TURN FOOD" en la pantalla de la tapa a mitad del tiempo de cocción, o hasta que el pollo esté dorado y ligeramente carbonizado.
- Saque las verduras y el pollo de la cesta y póngalos en una fuente. Rocíe el resto del aderezo de la ensalada.
- Servir caliente.

La nutrición:

Calorías: 887,

Grasa total: 34,25g

Grasas saturadas: 22,931g

Total de carbohidratos: 14,29g

Fibra: 7,3g

Proteínas: 22,2g

Azúcar: 4,2g

Sodio: 2841mg

Pollo frito con suero de leche

Tiempo de preparación: 15 minutos

Tiempo de cocción: 15 minutos

Porciones: 4

Ingredientes:

1. trozos de pollo: muslos, pechugas y muslos
2. ⅓ taza de suero de leche
3. 1 taza de harina
4. cucharaditas de pimentón
5. huevos, batidos
6. 1½ tazas de pan rallado
7. cucharadas de aceite de oliva
8. Pimienta negra recién molida y sal al gusto

Direcciones:

- En la tabla de cortar, secar bien el pollo con papel de cocina. En un recipiente poco profundo, mezcle la harina, el pimentón, la sal y la pimienta.
- En otro bol, bata los huevos y el suero de leche hasta que estén bien combinados.
- En un tercer recipiente, combine el pan rallado con el aceite de oliva.

- Pasar el pollo por la mezcla de harina, luego por los huevos y, por último, por el pan rallado. Presione suavemente pero con firmeza el pan rallado sobre la piel de los trozos de pollo para cubrirlos completamente.
- Coloque el pollo empanado en la cesta de la freidora. Ponga la tapa de la freidora de aire y cocine en la freidora de aire precalentada a 375°F durante 15 minutos. Déle la vuelta al pollo cuando aparezca "TURN FOOD" en la pantalla de la tapa a mitad del tiempo de cocción.
- Pasar el pollo a una fuente de servir. Dejar enfriar 5 minutos antes de servir.

La nutrición:

Calorías: 651

Grasa total: 22,34g

Grasas saturadas: 13,684g

Total de carbohidratos: 27,54g

Fibra: 2,2g

Proteínas: 14,38g

Azúcar: 6,14g

Sodio: 1257mg

Nuggets de pollo con costra de panko

Tiempo de preparación: 15 minutos

Tiempo de cocción: 15 minutos

Porciones: 4

Ingredientes:

1. Pechugas de pollo deshuesadas y sin piel de 1 libra
2. Condimento o aliño para pollo
3. Sal y pimienta al gusto
4. huevos
5. cucharadas de pan rallado
6. cucharadas de pan rallado panko
7. Spray de cocina

Direcciones:

- En la tabla de cortar, corte la pechuga de pollo en chuletas de una pulgada.
- En un bol grande, mezcle las chuletas de pollo, el condimento para pollo, la sal y la pimienta. Revuelva para cubrir completamente. Reservar.
- En otro bol, bata los huevos. En un tercer bol, combinar el pan rallado con el panko.
- Pasar las chuletas de pollo por los huevos batidos y luego por el pan rallado para cubrirlas bien.
- Coloque las chuletas de pollo empanadas en la cesta de la freidora de aire y rocíelas con spray de cocina.

- Coloque la tapa de la freidora de aire y cocine por tandas en la freidora de aire precalentada a 400°F durante 4 minutos. Agite la cesta de la freidora de aire cuando la pantalla de la tapa indique 'TURN FOOD' durante el tiempo de cocción, y cocine durante 4 minutos más.
- Pasar las chuletas de pollo cocidas a una fuente de servir. Dejar enfriar durante 3 minutos y servir.

La nutrición:

Calorías: 508

Grasa total: 24g

Grasas saturadas: 1g

Colesterol: 147mg

Sodio: 267mg

Carbohidratos: 67g

Fibra: 1g

Proteínas: 24g

Terneras de pollo con costra

Tiempo de preparación: 27 minutos

Tiempo de cocción: 12 minutos

Porciones: 4

Ingredientes:

1. Tendederos de pollo
2. ½ taza de harina común
3. 1 huevo
4. ½ taza de pan rallado seco
5. cucharadas de aceite vegetal

Direcciones:

- Poner la harina en un bol. Reservar.

- En un segundo bol, bata el huevo. Reservar.
- En un tercer bol, mezclar el pan rallado y el aceite. Reservar.
- Pasar los filetes de pollo por la harina, luego por el huevo batido y, por último, por la mezcla de migas para cubrirlos bien.
- Coloque los filetes en la cesta de la freidora. Ponga la tapa de la freidora y cocine en la freidora precalentada a 350°F durante unos 12 minutos o hasta que estén ligeramente doradas.
- Saque los filetes de pollo de la cesta y sírvalos en una bandeja.

La nutrición:

Calorías: 253

Grasa total: 11,4g

Carbohidratos: 9.8g

Proteínas: 26,2g

Colesterol: 109mg

Sodio: 171mg

Pollo con salsa de búfalo de yogur griego

Tiempo de preparación: 36 minutos

Tiempo de cocción: 15 minutos

Porciones: 4

Ingredientes:

1. 1 libra de pechugas de pollo sin piel y sin hueso, cortadas en tiras de 1 pulgada
2. ½ taza de yogur griego natural sin grasa
3. 1 taza de pan rallado panko
4. 1 cucharada de pimentón dulce
5. 1 cucharada de pimienta de cayena
6. 1 cucharada de pimienta de ajo
7. ¼ de taza de sustituto del huevo
8. 1 cucharada de salsa picante
9. 1 cucharadita de salsa picante

Direcciones:

- En un bol, mezclar el pan rallado, el pimentón dulce, la pimienta de cayena y la pimienta de ajo. Reservar.
- En un segundo bol, bata el yogur griego, el sustituto del huevo y 1 cucharada más 1 cucharadita de salsa picante.
- Sumerja las tiras de pollo en la salsa de búfalo y luego cúbralas con la mezcla de pan rallado.

- Coloque las tiras de pollo bien cubiertas en la cesta de la freidora de aire. Ponga la tapa de la freidora de aire y cocine en la freidora de aire precalentada a 400°F durante 15 minutos o hasta que estén bien doradas. Déle la vuelta a las tiras cuando la pantalla de la tapa indique "TURN FOOD" a mitad de camino.
- Saque el pollo de la cesta y sírvalo en un plato.

La nutrición:

Calorías: 234,

Grasa: 4,6g,

Carbohidratos: 22.1g

Proteínas: 31,2g

Colesterol: 65mg

Sodio: 696mg

Rollos de fajita de pollo al horno

Tiempo de preparación: 35 minutos

Tiempo de cocción: 12 minutos

Porciones: 4

Ingredientes:

1. (4 onzas) de pechugas de pollo deshuesadas y sin piel
2. Zumo de ½ lima
3. cucharadas de condimento para fajitas
4. ½ pimiento rojo, cortado en tiras
5. ½ pimiento verde, cortado en tiras
6. ¼ de cebolla, en rodajas
7. Spray de cocina
8. palillos, remojados durante al menos 30 minutos

Direcciones:

- En una superficie de trabajo plana, mariposee o golpee cuidadosamente el pollo en chuletas de ¼ de pulgada.
- Rocíe el jugo de limón sobre las chuletas y sazone con el condimento para fajitas al gusto. Mezcle bien.
- Para hacer los roll-ups de pollo, reparte uniformemente las tiras de pimiento y las rodajas de cebolla sobre cada chuleta de pollo. Enrolle cada chuleta en un cilindro apretado y asegúrelo con un palillo por el centro.
- Coloque 4 rollitos de pollo en la cesta de la freidora. Rocíalos con spray de cocina.

- Ponga la tapa de la freidora de aire y cocine en la freidora de aire precalentada a 400°F durante 12 minutos.
- Pasar a una fuente y enfriar durante 5 minutos antes de servir.

La nutrición:

Calorías: 770

Grasa total: 65g

Grasas saturadas: 0g

Colesterol: 32mg

Sodio: 302mg

Carbohidratos: 212g

Fibra: 0g

Proteínas: 94g

Pollo al ajillo y patatas

Tiempo de preparación: 15 minutos

Tiempo de cocción: 15 minutos

Porciones: 4

Ingredientes:

1. 1 pollo entero para asar (2½ a 3 libras)
2. a 16 patatas cremosas, fregadas
3. dientes de ajo pelados
4. cucharadas de aceite de oliva
5. ½ cucharadita de sal de ajo
6. 1 rodaja de limón
7. ½ cucharadita de tomillo seco
8. ½ cucharadita de mejorana seca

Direcciones:
- Enjuague el pollo y séquelo con toallas de papel.
- En un tazón pequeño, combine 1 cucharada de aceite de oliva y sal. Frote la mitad de la mezcla de aceitunas de manera uniforme en todos los lados del pollo. Rellene el pollo con la rodaja de limón y los dientes de ajo. Espolvorea el tomillo y la mejorana por encima.
- Coloque el pollo en la cesta de la freidora y extienda las patatas lavadas. Rocía el resto de la mezcla de aceite de oliva por encima.
- Poner la tapa de la freidora y asar en la freidora precalentada a 375°F durante 25 minutos, o hasta que el pollo registre 165°F en un termómetro de carne (insertado en el centro de la parte más gruesa del pollo). Si no está completamente cocido, vuelva a colocar el pollo en la cesta y áselo durante otros 5 minutos.
- Pasar el pollo y las patatas a un plato. Dejar reposar 5 minutos antes de servir.

La nutrición:

Calorías: 1523

Grasa total: 22,77g

Grasas saturadas: 14,11g

Total de carbohidratos: 24,16g

Fibra: 1,5g

Proteínas: 13,35g

Azúcar: 0,24g

Sodio: 1013mg

Muslos de pollo con limón y ajo

Tiempo de preparación: 15 minutos

Tiempo de cocción: 20 minutos

Porciones: 4

Ingredientes:

1. muslos de pollo con piel y hueso
2. trozos de limón
3. ¼ de taza de zumo de limón
4. dientes de ajo picados
5. cucharadas de aceite de oliva
6. 1 cucharadita de mostaza de Dijon
7. ¼ de cucharadita de sal

8   ⅛ cucharadita de pimienta negra molida

Direcciones:

- Mezclar en un bol el zumo de limón, la mostaza de Dijon, el aceite de oliva, el ajo, la sal y la pimienta. Refrigere para marinar durante una hora.
- Poner los muslos de pollo en una bolsa con cierre y verter la marinada por todo el pollo y cerrar la bolsa. Refrigera durante al menos 2 horas.
- Sacar el pollo de la bolsa. Seque con toallas de papel. Colóquelos en la cesta de la freidora de aire.
- Ponga la tapa de la freidora y cocine por tandas en la freidora precalentada a 350°F durante 15 a 18 minutos o hasta que esté bien cocido.
- Colocar los muslos de pollo en una fuente. Exprime los trozos de limón por encima antes de servir.

La nutrición:

Calorías: 258,

Grasa total: 18,6g,

Colesterol: 71mg,

Carbohidratos: 3.6g,

Sodio: 242mg,

Proteínas: 19,4g

Pollo al limón con salsa barbacoa

Tiempo de preparación: 10 minutos

Tiempo de cocción: 12 minutos

Porciones: 4

Ingredientes:

1. muslos de pollo deshuesados y sin piel
2. cucharadas de zumo de limón
3. ¼ de taza de salsa barbacoa sin gluten
4. dientes de ajo picados

Direcciones:

- En un bol mediano, mezcle el pollo, los clavos, la salsa barbacoa y el zumo de limón. Déjelo reposar durante 10 minutos para que se marine.
- Transfiera los muslos de pollo marinados a la cesta de la freidora de aire, sacudiendo el exceso de salsa. Es posible que tenga que trabajar en tandas para evitar el hacinamiento.
- Ponga la tapa de la freidora de aire y ase en la freidora de aire precalentada a 375°F durante 12 minutos. Dale la vuelta a los muslos de pollo cuando aparezca "TURN FOOD" en la pantalla de la tapa a mitad del tiempo de cocción, o hasta que el pollo registre al menos 165°F usando un termómetro de carne insertado en el centro del pollo.

- Pasar a una fuente y repetir con el resto de los muslos de pollo. Servir caliente.

La nutrición:

Calorías: 113

Grasa total: 12,31g

Grasas saturadas: 8.531g

Total de carbohidratos: 27g

Fibra: 0,2g

Proteínas: 6,61g

Azúcar: 2.874g

Sodio: 803mg

Palomitas de pollo

Tiempo de preparación: 10 minutos

Tiempo de cocción: 10 minutos

Porciones: 6

Ingredientes:

1. huevos
2. 1 1/2 lb. de pechugas de pollo, cortadas en trozos pequeños
3. 1 cucharadita de pimentón
4. 1/2 cucharadita de ajo en polvo
5. 1 cucharadita de cebolla en polvo
6. 1/2 taza de corteza de cerdo, triturada
7. 1/4 de taza de harina de coco
8. Pimienta
9. Sal

Direcciones:

- En un tazón pequeño, mezcle la harina de coco, la pimienta y la sal.
- En otro recipiente, bata los huevos hasta que se combinen.
- Tome otro bol y mezcle el panko de cerdo, el pimentón, el ajo en polvo y la cebolla en polvo.

- Poner los trozos de pollo en un bol grande. Espolvorear la mezcla de harina de coco sobre el pollo y mezclar bien.
- Sumergir los trozos de pollo en la mezcla de huevo y cubrirlos con la mezcla de panko de cerdo y colocarlos en un plato.
- Rocíe la cesta de la freidora de aire con spray de cocina.
- Precaliente la freidora de aire a 400 f.
- Añada la mitad del pollo preparado en la cesta de la freidora de aire y cocine durante 10-12 minutos. Agite la cesta a mitad de camino.
- Cocinar la mitad restante siguiendo el mismo método.
- Servir y disfrutar.

La nutrición:

Calorías 265

Grasa 11 g

Carbohidratos 3 g

Azúcar 0,5 g

Proteínas 35 g

Colesterol 195 mg

Albóndigas fáciles y rápidas

Tiempo de preparación: 10 minutos

Tiempo de cocción: 10 minutos

Porciones: 4

Ingredientes:

1. 1 lb. Pollo molido
2. 1 huevo ligeramente batido
3. 1/2 taza de queso mozzarella rallado
4. 1 1/2 cucharadas de condimento para tacos

5. dientes de ajo picados
6. cucharada de perejil fresco picado
7. 1 cebolla pequeña, picada
8. Pimienta
9. Sal

Direcciones:

- Añada todos los ingredientes en el bol grande y mézclelos hasta que estén bien combinados.
- Hacer pequeñas bolas con la mezcla y colocarlas en la cesta de la freidora.
- Cocinar las albóndigas durante 10 minutos a 400 f.
- Servir y disfrutar.

La nutrición:

Calorías 253

Grasa 10 g

Carbohidratos 2 g

Azúcar 0,9 g

Proteínas 35 g

Colesterol 144 mg

Alitas de pollo a la pimienta de limón

Tiempo de preparación: 10 minutos

Tiempo de cocción: 16 minutos

Porciones: 4

Ingredientes:

1. 1 libra Alitas de pollo
2. 1 cucharadita de pimienta de limón
3. 1 cucharada de aceite de oliva
4. 1 cucharadita de sal

Direcciones:

- Añade las alas de pollo en el bol grande para mezclar.
- Añadir el resto de los ingredientes sobre el pollo y mezclar bien para cubrirlo.

- Coloque las alitas de pollo en la cesta de la freidora.
- Cocine las alas de pollo durante 8 minutos a 400 f.
- Gire las alas de pollo hacia otro lado y cocine durante 8 minutos más.
- Servir y disfrutar.

La nutrición:

Calorías 247

Grasa 11 g

Carbohidratos 0,3 g

Azúcar 0 g

Proteína 32 g

Colesterol 101 mg

Alitas de pollo a la barbacoa

Tiempo de preparación: 10 minutos

Tiempo de cocción: 20 minutos

Porciones: 4

Ingredientes:

1. 1 1/2 lbs. Alitas de pollo
2. cucharada de salsa bbq sin azúcar
3. 1 cucharadita de pimentón
4. 1 cucharada de aceite de oliva
5. 1 cucharadita de ajo en polvo
6. Pimienta
7. Sal

Direcciones:

- En un bol grande, mezcle las alas de pollo con el ajo en polvo, el aceite, el pimentón, la pimienta y la sal.
- Precaliente la freidora de aire a 360 f.
- Añada las alitas de pollo en la cesta de la freidora y cocínelas durante 12 minutos.
- Gire las alas de pollo hacia otro lado y cocine durante 5 minutos más.

- Saque las alitas de pollo de la freidora y mézclelas con la salsa barbacoa.
- Vuelva a colocar las alas de pollo en la cesta de la freidora y cocínelas durante 2 minutos más.
- Servir y disfrutar.

La nutrición:

Calorías 372

Grasa 16,2 g

Carbohidratos 4,3g

Azúcar 3,7 g

Proteína 49,4 g

Colesterol 151 mg

Ricos Nuggets de Pollo

Tiempo de preparación: 10 minutos

Tiempo de cocción: 12 minutos

Porciones: 4

Ingredientes:

1. 1 lb. Pechuga de pollo, sin piel, sin hueso y cortada en trozos
2. cucharada de semillas de sésamo tostadas
3. claras de huevo
4. 1/2 cucharadita de jengibre molido
5. 1/4 de taza de harina de coco
6. 1 cucharadita de aceite de sésamo
7. Una pizca de sal

Direcciones:

- Precaliente la freidora de aire a 400 f.
- Mezcle el pollo con el aceite y la sal en un bol hasta que esté bien cubierto.
- Añadir la harina de coco y el jengibre en una bolsa con cierre y agitar para mezclar. Añade el pollo a la bolsa y agítalo bien para cubrirlo.
- En un bol grande, añadir las claras de huevo. Añadir el pollo en las claras de huevo y mezclar hasta que esté bien cubierto.

- Añade las semillas de sésamo en una bolsa grande con cierre.
- Sacuda el exceso de huevo del pollo y añada el pollo en la bolsa de semillas de sésamo. Agitar la bolsa hasta que el pollo esté bien cubierto de semillas de sésamo.
- Rocíe la cesta de la freidora de aire con spray de cocina.
- Coloque el pollo en la cesta de la freidora y cocínelo durante 6 minutos.
- Gire el pollo hacia otro lado y cocine durante 6 minutos más.
- Servir y disfrutar.

La nutrición:

Calorías 265

Grasa 11,5 g

Carbohidratos 8,6 g

Azúcar 0,3 g

Proteína 31,1 g

Colesterol 73 mg

Tajadas de Pollo Sazonadas a la Italiana

Tiempo de preparación: 10 minutos

Tiempo de cocción: 10 minutos

Raciones: 2

Ingredientes:

1. huevos, ligeramente batidos
2. 1 1/2 lbs. de pollo
3. 1/2 cucharadita de cebolla en polvo
4. 1/2 cucharadita de ajo en polvo
5. 1 cucharadita de pimentón
6. 1 cucharadita de condimento italiano

7. cucharada de semillas de lino molidas
8. 1 taza de harina de almendra
9. 1/2 cucharadita de pimienta
10. 1 cucharadita de sal marina

Direcciones:

- Precaliente la freidora de aire a 400 f.
- Sazone el pollo con pimienta y sal.
- En un bol mediano, bata los huevos para combinarlos.
- En un plato llano, mezcle la harina de almendras, todos los condimentos y la linaza.
- Sumergir el pollo en el huevo y luego cubrirlo con la mezcla de harina de almendras y colocarlo en un plato.
- Rocíe la cesta de la freidora de aire con spray de cocina.
- Coloque la mitad de los filetes de pollo en la cesta de la freidora y cocínelos durante 10 minutos. Déle la vuelta a mitad de camino.
- Cocine el resto de los filetes de pollo siguiendo los mismos pasos.
- Servir y disfrutar.

La nutrición:

Calorías 315

Grasa 21 g

Carbohidratos 12 g

Azúcar 0,6 g

Proteína 17 g

Colesterol 184 mg

Alitas de pollo clásicas

Tiempo de preparación: 10 minutos

Tiempo de cocción: 40 minutos

Porciones: 4

Ingredientes:

1. libras. Alitas de pollo
2. Para la salsa:
3. 1/4 de cucharadita de tabasco
4. 1/4 de cucharadita de salsa worcestershire
5. cucharada de mantequilla derretida
6. oz. de salsa picante

Direcciones:

- Rocíe la cesta de la freidora de aire con spray de cocina.
- Añada las alitas de pollo en la cesta de la freidora de aire y cocínelas durante 25 minutos a 380 f. Agite la cesta cada 5 minutos.
- Después de 25 minutos, cambie la temperatura a 400 f y cocine durante 10-15 minutos más.
- Mientras tanto, en un bol grande, mezcle todos los ingredientes de la salsa.
- Añade las alitas de pollo cocidas en una salsera y remueve bien para cubrirlas.
- Servir y disfrutar.

La nutrición:

Calorías 593

Grasa 34,4 g

Carbohidratos 1,6 g

Azúcar 1,1 g

Proteína 66,2 g

Colesterol 248 mg

Alitas de pollo con especias simples

Tiempo de preparación: 10 minutos

Tiempo de cocción: 30 minutos

Porciones: 3

Ingredientes:

1. 1 1/2 lbs. Alitas de pollo
2. 1 cucharada de levadura en polvo, sin gluten
3. 1/2 cucharadita de cebolla en polvo
4. 1/2 cucharadita de ajo en polvo
5. 1/2 cucharadita de pimentón ahumado
6. 1 cucharada de aceite de oliva
7. 1/2 cucharadita de pimienta
8. 1/4 de cucharadita de sal marina

Direcciones:

- Añadir las alas de pollo y el aceite en un bol grande y mezclar bien.
- Mezcle el resto de los ingredientes y espolvoree sobre las alas de pollo y revuélvalas para cubrirlas.
- Rocíe la cesta de la freidora de aire con spray de cocina.
- Añada las alas de pollo en la cesta de la freidora de aire y cocínelas a 400 f durante 15 minutos. Mezcle bien.
- Gire las alas de pollo hacia otro lado y cocine durante 15 minutos más.
- Servir y disfrutar.

La nutrición:

Calorías 280

Grasa 19 g

Carbohidratos 2 g

Azúcar 0 g

Proteína 22 g

Colesterol 94 mg

Pechuga de pavo sazonada con hierbas

Tiempo de preparación: 10 minutos

Tiempo de cocción: 35 minutos

Porciones: 4

Ingredientes:

1. libras. Pechuga de pavo
2. 1 cucharadita de salvia fresca picada
3. 1 cucharadita de romero fresco picado
4. 1 cucharadita de tomillo fresco picado
5. Pimienta
6. Sal

Direcciones:

- Rocíe la cesta de la freidora de aire con spray de cocina.
- En un tazón pequeño, mezcle la salvia, el romero y el tomillo.
- Sazone la pechuga de pavo con pimienta y sal y frótela con la mezcla de hierbas.
- Coloque la pechuga de pavo en la cesta de la freidora de aire y cocine a 390 f durante 30-35 minutos.
- Cortar y servir.

La nutrición:

Calorías 238

Grasa 3,9 g

Carbohidratos 10 g

Azúcar 8 g

Proteína 38,8 g

Colesterol 98 mg

Sabroso pollo asado

Tiempo de preparación: 10 minutos

Tiempo de cocción: 20 minutos

Porciones: 6

Ingredientes:

1. lbs. Pollo, cortado en ocho trozos
2. 1/4 de cucharadita de cayena
3. 1 cucharadita de pimentón
4. cucharadita de cebolla en polvo
5. 1 1/2 cucharadita de ajo en polvo
6. 1 1/2 cucharadita de orégano seco
7. 1/2 cucharada de tomillo seco
8. Pimienta
9. Sal

Direcciones:

- Sazone el pollo con pimienta y sal.
- En un bol, mezcle las especias y las hierbas y frote la mezcla de especias sobre los trozos de pollo.
- Rocíe la cesta de la freidora de aire con spray de cocina.
- Coloque el pollo en la cesta de la freidora de aire y cocine a 350 f durante 10 minutos.
- Gire el pollo hacia otro lado y cocine durante 10 minutos más o hasta que la temperatura interna del pollo alcance los 165 f.

- Servir y disfrutar.

La nutrición:

Calorías 350

Grasa 7 g

Carbohidratos 1,8 g

Azúcar 0,5 g

Proteína 66 g

Colesterol 175 mg

Muslos de pollo asiáticos picantes

Tiempo de preparación: 10 minutos

Tiempo de cocción: 20 minutos

Porciones: 4

Ingredientes:

1. muslos de pollo con piel y sin hueso
2. cucharadita de jengibre rallado
3. 1 zumo de lima
4. cucharada de salsa de ajo y chile
5. 1/4 de taza de aceite de oliva
6. 1/3 de taza de salsa de soja

Direcciones:

- En un bol grande, bata el jengibre, el zumo de lima, la salsa de ajo y chile, el aceite y la salsa de soja.
- Añada el pollo en un bol, cúbralo bien con la marinada y métalo en el frigorífico durante 30 minutos.
- Coloque el pollo marinado en la cesta de la freidora y cocínelo a 400 f durante 15-20 minutos o hasta que la temperatura interna del pollo alcance los 165 f. Déle la vuelta al pollo a mitad de camino.
- Servir y disfrutar.

La nutrición:

Calorías 403

Grasa 23,5 g

Carbohidratos 3,2 g

Azúcar 0,6 g

Proteína 43,7 g

Colesterol 130 mg

Pinchos de tomate, berenjena y pollo

Tiempo de preparación: 10 minutos

Tiempo de cocción: 30 minutos

Porciones: 4

Ingredientes:

1. ¼ de cucharadita de pimienta de cayena
2. ¼ de cucharadita de cardamomo molido
3. 1 ½ cucharadita de cúrcuma molida
4. 1 lata de leche de coco
5. 1 taza de tomates cherry
6. 1 berenjena mediana, cortada en cubos
7. 1 cebolla, cortada en trozos
8. 1 pulgada de jengibre rallado
9. libras de pechugas de pollo deshuesadas, cortadas en cubos
10. cucharadas de zumo de lima fresco
11. cucharadas de pasta de tomate
12. cucharaditas de ralladura de lima
13. dientes de ajo picados
14. Sal y pimienta al gusto

Direcciones:

- Poner en un bol el ajo, el jengibre, la leche de coco, la ralladura de lima, el zumo de lima, la pasta de tomate, la sal, la pimienta, la cúrcuma, la pimienta de cayena, el cardamomo y las pechugas de pollo. Dejar marinar en la nevera durante al menos 2 horas.
- Precaliente la freidora a 390oF.
- Coloque el accesorio de la sartén de la parrilla en la freidora de aire.
- Ensarta los cubos de pollo con berenjena, cebolla y tomates cherry en brochetas de bambú.
- Colóquelo en la sartén de la parrilla y cocínelo durante 25 minutos, asegurándose de darle la vuelta al pollo cada 5 minutos para que se cocine de manera uniforme.

La nutrición:

Calorías:485

Carbohidratos:19,7 g

Proteínas: 55,2g

Grasa: 20,6g

Pollo glaseado Teriyaki al horno

Tiempo de preparación: 10 minutos

Tiempo de cocción: 30 minutos

Raciones: 2

Ingredientes:

1. cucharadas de vinagre de sidra
2. muslos de pollo sin piel
3. 1-1/2 cucharaditas de maicena
4. 1-1/2 cucharaditas de agua fría
5. 1/2 diente de ajo picado
6. 1/4 de taza de azúcar blanco
7. 1/4 de taza de salsa de soja
8. 1/4 de cucharadita de jengibre molido

9   1/8 cucharadita de pimienta negra molida

Direcciones:
- Engrase ligeramente la bandeja de la freidora de aire con spray de cocina. Agregue todos los ingredientes y revuélvalos bien para cubrirlos. Extiende el pollo en una sola capa en el fondo de la sartén.
- Durante 15 minutos, cocine a 390oF.
- Voltear el pollo mientras se pincela y se cubre bien con la salsa.
- Cocinar durante 15 minutos a 330oF.
- Servir y disfrutar.

La nutrición:

Calorías:267

Carbohidratos: 19,9g

Proteínas: 24,7g

Grasa: 9,8g

Pollo con Sriracha y Jengibre

Tiempo de preparación: 10 minutos

Tiempo de cocción: 35 minutos

Porciones: 3

Ingredientes:

1. ¼ de taza de salsa de pescado
2. ¼ de taza de sriracha
3. ½ taza de azúcar moreno claro
4. ½ taza de vinagre de arroz
5. 1 ½ libras de pechugas de pollo, machacadas
6. 1/3 de taza de pasta de chile picante
7. cucharaditas de jengibre rallado y pelado

Direcciones:

- Coloque todos los ingredientes en una bolsa Ziploc y déjelos marinar durante al menos 2 horas en la nevera.
- Precaliente la freidora a 3900F.
- Coloque el accesorio de la sartén de la parrilla en la freidora de aire.
- Asar el pollo durante 25 minutos.
- Déle la vuelta al pollo cada 10 minutos para que se ase de manera uniforme.
- Mientras tanto, verter la marinada en una cacerola y calentar a fuego medio hasta que la salsa espese.

- Antes de servir el pollo, úntelo con el glaseado de sriracha.

La nutrición:

Calorías: 415

Carbohidratos: 5,4g

Proteínas: 49,3g

Grasa: 21,8g

Queso desnudo, relleno de pollo y judías verdes

Tiempo de preparación: 10 minutos

Tiempo de cocción: 20 minutos

Porciones: 3

Ingredientes:

1. 1 taza de carne de pechuga de pollo cocida y cortada en cubos
2. 1/2 lata (10,75 onzas) de crema de pollo condensada
3. 1/2 lata (14,5 onzas) de judías verdes, escurridas
4. 1/2 taza de queso Cheddar rallado
5. Mezcla de relleno de pan seco sin condimentar de 6 onzas

6   sal y pimienta al gusto

Direcciones:

- Mezclar bien la pimienta, la sal, la sopa y el pollo en un bol mediano.
- Haga el relleno según las instrucciones de cocción del paquete.
- Engrase ligeramente la bandeja de la freidora de aire con spray de cocina. Distribuya uniformemente la mezcla de pollo en el fondo de la sartén. Cubra uniformemente con el relleno. Espolvoree el queso por encima.
- Cubrir la sartén con papel de aluminio.
- Durante 15 minutos, cocine a 390oF.
- Retire el papel de aluminio y cocine durante 5 minutos a 390oF hasta que la parte superior esté ligeramente dorada.
- Servir y disfrutar.

La nutrición:

Calorías: 418

Carbohidratos: 48,8g

Proteínas: 27,1g

Grasa: 12,7g

Pesto de pollo a la parrilla

Tiempo de preparación: 10 minutos

Tiempo de cocción: 30 minutos

Porciones: 8

Ingredientes:

1. 1 ¾ de taza de pesto comercial
2. muslos de pollo
3. Sal y pimienta al gusto

Direcciones:

- Coloque todos los ingredientes en la bolsa Ziploc y déjelos marinar en la nevera durante al menos 2 horas.
- Precaliente la freidora a 3900F.
- Coloque el accesorio de la sartén de la parrilla en la freidora de aire.
- Asar el pollo durante al menos 30 minutos.
- Asegúrese de dar la vuelta al pollo cada 10 minutos para que se ase de manera uniforme.

La nutrición:

Calorías: 477

Carbohidratos: 3,8g

Proteínas: 32,6g

Grasa: 36,8g

Pastel de pavo saludable

Tiempo de preparación: 10 minutos

Tiempo de cocción: 50 minutos

Raciones: 2

Ingredientes:

1. 1 cucharada de mantequilla a temperatura ambiente
2. 1/2 diente de ajo picado
3. 1/2 zanahoria grande, rallada
4. 1/2 cebolla picada
5. 1/2 cucharadita de caldo de pollo en polvo
6. 1/2 libra de pavo molido
7. 1/8 cucharadita de tomillo seco
8. 1-1/2 patatas grandes, peladas
9. 1-1/2 cucharaditas de harina para todo uso
10. 1-1/2 cucharaditas de perejil fresco picado
11. 1-1/2 cucharaditas de aceite de oliva
12. cucharadas de leche caliente
13. Lata de 4,5 onzas de champiñones laminados
14. pimienta negra molida al gusto
15. sal al gusto

Direcciones:

1. Hervir las patatas hasta que estén tiernas. Escurrirlas y pasarlas a un bol. Triturar con la leche y la mantequilla hasta que estén cremosas. Reservar.
2. Engrase ligeramente la bandeja de la freidora de aire con aceite de oliva. Agregue la cebolla y durante 5 minutos, cocine a 360oF. Agregue el caldo de pollo, el ajo, el tomillo, el perejil, los champiñones, la zanahoria y el pavo molido. Cocine durante 10 minutos removiendo y desmenuzando a mitad de la cocción.
3. Condimentar con pimienta y sal. Incorporar la harina y mezclar bien. Cocine durante 2 minutos.
4. Repartir uniformemente la mezcla de pavo. Cubra con el puré de patatas, de manera uniforme.
5. Cocinar durante 20 minutos o hasta que las patatas estén ligeramente doradas.
6. Servir y disfrutar.

La nutrición:

Calorías: 342

Carbohidratos: 38.0g

Proteínas: 18,3g

Grasa: 12,9g

Tiras de filete de pollo

Tiempo de preparación: 10 minutos

Tiempo de cocción: 11 minutos

Porciones: 4

Ingredientes:

- 1 libra Filetes de pollo
- 1 cucharadita de pimentón
- 1 cucharada de nata líquida
- .5 cucharadita de pimienta negra
- Mantequilla (según sea necesario)

Direcciones:

- Caliente la Air Fryer a 365º Fahrenheit.
- Cortar los filetes en tiras y espolvorear con sal y pimienta.
- Añadir una ligera capa de mantequilla a la cesta.
- Coloque las tiras en la cesta y fríalas durante seis minutos.
- Dar la vuelta a las tiras y seguir friendo durante otros cinco minutos.
- Cuando esté hecho, adornar con la crema y el pimentón. Servir caliente.

La nutrición:

Calorías: 162 kcal

Proteínas: 24,85 g
Grasa: 6,05 g
Carbohidratos: 0.65 g

Plan de comidas de 30 días

Día	Desayuno	Comida/cena	Postre
1	Sartén de camarones	Rollos de espinacas	Tarta de crepes de matcha
2	Yogur de coco con semillas de chía	Pliegues de queso de cabra	Mini tartas de calabaza con especias
3	Pudín de chía	Tarta de crepes	Barras de frutos secos
4	Bombas de grasa de huevo	Sopa de coco	Pastel de libra
5	Mañana "Grits"	Tacos de pescado	Receta de Tortilla Chips con Canela
6	Huevos escoceses	Ensalada Cobb	Yogur de granola con bayas
7	Sándwich de bacon	Sopa de queso	Sorbete de bayas
8	Noatmeal	Tartar de atún	Batido de coco y bayas
9	Desayuno al horno con carne	Sopa de almejas	Batido de plátano con leche de coco
10	Desayuno	Ensalada de	Batido de mango

	Bagel	carne asiática	y piña
11	Hash de huevo y verduras	Keto Carbonara	Batido verde de frambuesa
12	Sartén vaquera	Sopa de coliflor con semillas	Batido de bayas cargadas
13	Quiche de feta	Espárragos envueltos en prosciutto	Batido de papaya, plátano y col rizada
14	Tortitas de bacon	Pimientos rellenos	Batido de naranja verde
15	Gofres	Berenjenas rellenas de queso de cabra	Batido doble de bayas
16	Batido de chocolate	Curry Korma	Barras de proteínas energizantes
17	Huevos en sombreros de hongos Portobello	Barras de calabacín	Brownies dulces y con nueces
18	Bombas de grasa de	Sopa de setas	Keto Macho Nachos

	matcha		
19	Keto Smoothie Bowl	Champiñones Portobello rellenos	Gelato de mantequilla de cacahuete, choco y plátano con menta
20	Tortilla de salmón	Ensalada de lechuga	Melocotones con canela y yogur
21	Hash Brown	Sopa de cebolla	Paleta de pera y menta con miel
22	Cazuela Bangin' de Black	Ensalada de espárragos	Batido de naranja y melocotón
23	Tazas de tocino	Tabbouleh de coliflor	Batido de manzana con especias y coco
24	Huevos con espinacas y queso	Salpicao de ternera	Batido dulce y de nueces
25	Taco Wraps	Alcachofa rellena	Batido de jengibre y bayas
26	Donas de café	Rollos de espinacas	Batido apto para vegetarianos
27	Tortilla de	Pliegues de	Batido de

	huevo al horno	queso de cabra	ChocNut
28	Risotto de rancho	Tarta de crepes	Batido de coco y fresa
29	Huevos escoceses	Sopa de coco	Batido de espinacas y bayas
30	Huevos fritos	Tacos de pescado	Batido de postre cremoso

Conclusión

Gracias por haber llegado hasta el final de este libro. Una freidora de aire es una adición relativamente nueva a la cocina, y es fácil ver por qué la gente se entusiasma con su uso. Con una freidora de aire, puede hacer patatas fritas crujientes, alas de pollo, pechugas de pollo y filetes en minutos. Hay muchos alimentos deliciosos que puedes preparar sin añadir aceite o grasa a tu comida. Una vez más, asegúrese de leer las instrucciones de su freidora de aire y de seguir las normas de uso y mantenimiento adecuados. Una vez que su freidora de aire esté en buenas condiciones de funcionamiento, puede ser realmente creativo y comenzar a experimentar su camino hacia la comida saludable que sabe muy bien.

Eso es todo. ¡Gracias!

CPSIA information can be obtained
at www.ICGtesting.com
Printed in the USA
LVHW081549250421
685458LV00009B/453